Arnd Kischkel

Die Herrlichkeit des Herrn geht auf über dir!

Die Corona Pandemie und die Ausbreitung des Evangeliums

Dr. Arnd Kischkel

www.gebetswaechter.de

ISBN 979-8-551439-85-1

Bibelzitate entnommen aus:

Einleitung

In unseren Tagen, in denen tägliche Nachrichten über eine weltweite Pandemie vielfach Ängste und Sorgen hervorrufen, können wir uns ausrichten auf gute Neuigkeiten, die diejenigen zu hören vermögen, die sich zu Jesus Christus halten oder ihm neu nachfolgen wollen. Sie erkennen hinter dem Äußeren Geschehen sehr schnell die Taktik des Feindes Gottes, der nur versucht, das weltweite Wirken des Heiligen Geistes aufzuhalten und zu verhindern.

Aber nichts ist ansteckender wie die Liebe und die Herrlichkeit Gottes, die am Ende der Tage noch einmal für jeden offenbar werden soll, so dass es ganz einfach und leicht sein wird, sich für die Wahrheit und das vollbrachte Erlösungswerk Jesu am Kreuz von Golgatha zu entscheiden.

Dieses Erlösungswerk wird dann auch offenbar werden als eine das ganze Leben umschließende, heilende, befreiende und erneuernde Wirklichkeit, die jedem zuteilwerden kann, der sich ihr von ganzem Herzen anvertraut.

Mitten in den weltweiten Anstrengungen, die Corona Pandemie zu beherrschen und in den Griff zu bekommen, ertönt der Ruf Gottes: „Lass meine Herrlichkeit über deinem Leben aufgehen! Lass jetzt die Sorgen deines Lebens los. Baue nicht auf deine eigene Kraft, sondern öffne dich für den Strom des Lebens, der dir aus meinem Geist entgegenströmt und in den du als ganzer Mensch mit Geist, Seele und Leib eintauchen darfst und kannst."

Die Liebe des himmlischen Vaters und seines Sohnes Jesus Christus möchte in der kommenden Zeit in einer Weise erlebbar und erfahrbar werden wie nie zuvor in der Geschichte. Neben allem anderen wird dies die stärkste Offenbarung sein, die Menschen jemals auf der Erde erfahren können.

Jesus als den Guten Hirten unseres Lebens zu erkennen, seine persönliche Wertschätzung und Liebe und seine

Hingabe für uns zu erfahren, gibt den stärksten Halt und du kannst es glauben:

Wenn du ihm vertraust, dann wird er dich nicht nur durch diese Zeit der Pandemie hindurch führen, sondern dir wird alles zum Besten gereichen und du wirst stärker aus dieser Zeit hervorgehen wie je zuvor.

Wenn auch die Welt eine Krise hat, Gott hat einen Plan. Entdecke den Plan für dein eigenes Leben und für die deiner Gemeinde. Ergreife jetzt deine Bestimmung und lass dich im Triumph durch diese Zeit führen als ein Sohn der Herrlichkeit, als ein Überwinder und Sieger.

Der Triumph von Golgatha möchte sich mitten in dieser Zeit in deinem Leben erweisen, so dass du jederzeit ein starkes Zeugnis der Bewahrung und der Liebe Gottes geben und ein Licht sein kannst in dieser Welt.

Nichts ist so ansteckend wie die Liebe Gottes

Die Liebe Gottes ist eine geistliche Substanz und damit etwas, was du in deinem Geist aufnehmen und empfangen kannst, weil du nach Gottes Ebenbild geschaffen bist und somit auch ein geistliches Wesen bist.

Die Liebe Gottes ist dabei von einer ganz anderen Art wie die menschliche Liebe, das ist so wesentlich zu verstehen.

Denn ohne dass dir dieser Unterschied bewusst ist, bleibst du in den natürlichen Bedingungen befangen und kannst dich nicht weiter entwickeln, bewegen oder entfalten. Nicht umsonst wird die Liebe Gottes in der Bibel im 1. Korintherbrief 13 auch als der Weg weit darüber hinaus bezeichnet.

Du weißt, wie grundsätzlich wichtig die Liebe ist, damit ein Mensch eine gesunde seelische und körperliche Entwicklung nehmen kann. Sie ist wie ein Fundament, auf dem er immer wieder aufbauen und ein gesundes Selbstvertrauen entwickeln kann. Von diesem inneren sicheren Halt her kann er sich zutrauen, einmal ein Risiko einzugehen, sich jemandem anzuvertrauen oder sich für eine Sache hinzugeben.

Dort wo diese Liebe gefehlt hat, kommt es im späteren Leben immer wieder dazu, das besondere Anstrengungen nötig sind, um diesem inneren Mangel abzuhelfen und auch Beziehungen verlaufen oft kompliziert und nicht zufriedenstellend. Das Paradox ist häufig, dass trotz einem hohen Maß an menschlicher Zuwendung und Liebe der Betreffende keinen inneren Frieden finden kann.

Das liegt daran, dass sich durch früh erfahrene Lieblosigkeit häufig bestimmte Überzeugungen und entsprechende emotionale Reaktionsmuster tief verankern. Diese können zwar herausgearbeitet werden, es gibt viele Therapien, die dazu anleiten, Wahrheiten zu entdecken und sich auch emotional neu zu konditionieren. Aber auch dies kann sehr mühsam sein, wenn dies hauptsächlich in eigener Anstrengung erfolgen soll.

Von daher kann dich nur eine Liebe, die größer und stärker wie die menschliche Liebe ist und zugleich mit Licht und Wahrheit erfüllt ist, aus etwas herausreißen, was dich von den Wurzeln deines Lebens her beschwert und belastet. Es ist eine Kraft nötig, die noch einmal den Wurzelboden deines Lebens aufzuschließen vermag, um dich an einer womöglich verletzten Stelle liebevoll, befreiend und wiederherstellend zu berühren und zu erneuern. Jeder wird sicher schon die Erfahrung gemacht haben, dass das rein menschlich nur zu einem gewissen Grad geht.

Dahinter steht letztlich die Einsicht, dass dein Geist einen spirituellen Durst besitzt. Deine Seele (Verstand, Wille und Gefühl) und dein Körper funktionieren als dein äußerer Mensch nur deshalb, weil sie von deinem Geist belebt werden. Aber auch dein Geist ist nicht auf sich selbst angewiesen, sondern ist ausgerichtet auf höhere Inspiration, Leitung und

Führung. Aus diesem Bedürfnis heraus entstanden alle Religionen und auch im negativen Sinne die Abhängigkeit von Götzen und Ideologien.

Im menschlichen Geist steckt wohl letztlich die Sehnsucht nach einer Macht, die größer ist wie er selbst, der er sich anvertrauen kann, an die er glauben kann, ja letztlich die er lieben kann und in der er das findet, was ihm die natürliche Welt allein nicht geben kann.

„Denn die Liebe Gottes ist ausgegossen in unsere Herzen"

In der Bibel ist in Römer 5,5 zu lesen: „Hoffnung aber lässt nicht zuschanden werden; denn die Liebe Gottes ist ausgegossen in unsre Herzen durch den Heiligen Geist, der uns gegeben ist" (Luther 2017). Das ist ein Wort an die Christen, die Jesus als Herrn angenommen und ihn durch den Heiligen Geist empfangen haben. Was bedeutet dies nun aber, dass die göttliche Liebe in dein Herz ausgegossen ist?

Das bedeutet zunächst, dass Gottes Vaterliebe stets und jederzeit im Innersten deiner Persönlichkeit präsent ist und zur Verfügung steht. Dadurch dass du etwas zur Verfügung hast und es für dich bereit steht, findet es in deinem Leben allerdings noch nicht unbedingt Verwendung. Es muss noch keinen entscheidenden Einfluss haben.

Du hast aber jeder Zeit die Möglichkeit, dir bewusst zu machen, dass es dir gehört und dass du es anwenden kannst, überall wo du es brauchst. Die Bibel beschreibt die Liebe Gottes hier in Form einer Flüssigkeit. Eine Flüssigkeit kann z.B. stehen, sie kann aber auch dynamisch in Bewegung geraten, so dass eine Strömung entsteht und etwas auslöst. Dies hängt nun von dir ab.

Als Christ kannst du deinen Glauben aktivieren, der ebenfalls eine Gabe in deinem erneuerten Geist ist. Du kannst in einer bestimmten Situation sagen: „Herr, ich brauche jetzt deine Liebe, die göttliche Liebe! Die Liebe, die ich nicht selbst hervorbringen kann durch irgendeine Form von Anstrengung. Ich brauche jetzt diese Liebe, die nicht das ihre sucht, sondern die mich schon seit jeher geliebt hat. Ich brauche jetzt deine Liebe, die in jeder Situation in der Lage ist, von der Wurzel, vom Ursprung her, eine Beziehung, eine seelische Verfassung, eine gesundheitliche Befindlichkeit ja sogar eine ganze gesellschaftliche Strömung zu heilen, positiv zu beeinflussen oder auf einen guten Weg zu bringen."

Es klingt zu schön um wahr zu sein, aber Gott in seiner Liebe bietet uns in all der Not und Bedrängnis dieser Welt die stärkste, befreiende und wiederherstellendste Kraft im Universum an. Verbinde dich mit ihr, erfahre durch sie selbst Erneuerung und Wiederherstellung. Sieh, wie sie dein Leben transformiert, in seine Bestimmung und Schönheit bringt und es freisetzt!

Stell dir den treuesten und fürsorglichsten, menschlichen Vater vor. Wer hätte ihn nicht gerne? Vielleicht hast du ihn so nicht gehabt, aber wenn du an Jesus glaubst, bist du von neuem geboren als Tochter oder Sohn des himmlischen Vaters, der so viel liebevoller und größer ist, wie jeder irdische es sein könnte.

Die zwei Arten einer Erbschaft

Schau Dir diesbezüglich noch einmal das Gleichnis vom verlorenen Sohn in der Bibel an (Lk.15, 11–32). In gewisser Hinsicht geht es in diesem Gleichnis um ein bestimmtes Erbe und wir können zwei Arten von Erbschaften erkennen. Das eine Erbe, das der jüngere Sohn zunächst fordert, ist ein selbstsüchtiges, menschliches Erbe, um das er vorzeitig bittet, um ein selbstbestimmtes Leben führen zu können.

Später als er dann damit völlig heruntergekommen ist, besinnt er sich und kehrt zu seinem Vaterhaus zurück, dabei rechnet er aber mit keinerlei Erbe mehr. Er ahnt nicht, das allein seine Umkehr ihn gerade zu seinem wahren und eigentlichen Erbe führen wird und dass ihm sogar der Vater mit offenen Armen bedingungslos liebend entgegenkommen wird und dass es ein Fest geben wird und eine neue Berufung und ein neues Amt.

Die Hinwendung und der Glaube an Gott kann also nicht nur deine wahre himmlische Bestimmung hervorbringen, du kannst dadurch Zugang zur göttlichen Dimension des Geistes, der von seiner Liebe durchdrungen und bestimmt ist, gewinnen. Dein Geist wird neu und du tauchst ein in die umfassende Fülle des Schöpfers. Dort gibt es eine nie endende Freude, Lebendigkeit und Innigkeit in wunderbarer Gemeinschaft.

Genau wie der verlorene Sohn, der zum Vater zurückkehrt, müssen auch wir, wenn wir zu Gott umkehren, erst nach und nach lernen, durch sein Wort und seine Kraft in unserem Geist heran zu reifen und das selbstbestimmte, von der Welt geprägte natürliche Leben erneuern zu lassen von dem herrlichen neuen Leben, das Gott für uns bereithält.

Das ist, wie wenn du ein Boot verlässt, in dem du selbst mühsam gerudert bist. Du besteigst nun ein schönes Segelschiff, das Jesus für dich bereithält. Dort wartet er schon auf dich und der Wind des Heiligen Geistes beginnt, ins Segel zu blasen. Nun lernst du das Segel im Glauben so auszurichten, dass die Kraft Gottes dich voranbringt. Das ist eine ganz neue Art des Unterwegsseins und des Lebens.

Der Feind Gottes, der Teufel, wird immer wieder versuchen, dich von dieser Fahrt abzubringen und dich zum Rudern zu verlocken. Aber er ist ein besiegter Gegner, dessen Einfluss am Kreuz von Golgatha gebrochen wurde. Mach dir das bewusst, wende es an. Weise vor allem in deinen Gedanken jegliche Beeinflussung zurück.

Du bist ein Licht!

Hast du schon einmal versucht, mit einer Laterne ein ganzes Haus zu beleuchten. Das Licht einer einzigen Laterne wird dafür einfach nicht ausreichen. Selbst wenn du in jedes Zimmer eine stellst, wird es auch noch nicht reichen.

So ist es auch mit unserem Lebenshaus. Es ist mühsam, jeden Winkel auszuleuchten und in allen Bereichen des Lebens im Licht, d.h. in der Wahrheit und in der Liebe, zu gehen. Nun ist es aber so, dass dies durch die Einheit im Geist und durch das Werk der Erlösung bei Jesus möglich ist. Wenn wir zu ihm kommen, taucht er unser ganzes Leben in ein helles Licht. Nun wirst du vielleicht sagen, selbst wenn du Christ bist, warum sehe ich so wenig davon.

Es ist so, in dem Moment, wo du neu für einen bestimmten Bereich deines Lebens Gottes Wahrheit und seiner Kraft mehr vertraust wie deiner eigenen und auf Jesus baust, beginnt das Licht seiner Liebe diesen Raum zu erhellen. Und du selbst kannst den Sieg sprechen und bekennen, den er am Kreuz errungen hat. Du kannst die Macht der Finsternis binden und diesen Raum immer mehr einnehmen.

Die Bibel selbst nennt dich ein Licht, das die Finsternis nicht überwinden kann. Es kommt nur darauf an, dass du es glaubst und danach handelst.

Von daher empfinde ich, dass der Heilige Geist heute bei uns anklopft und fragt: „Wo sind die, die im Glauben in dieser Zeit vorangehen? Wo sind die, die radikal zum Vaterhaus Gottes umkehren. Wo sind die, die sagen: Wir sind das Licht, uns kann die Dunkelheit der Welt mit all ihren Krisen nichts anhaben“.

Schon im natürlichen Leben gibt es kaum etwas Stärkeres als das Bewusstsein, einen liebenden Vater als Rückhalt zu haben. Dies wird im geistlichen Bereich noch einmal um ein Vielfaches übertroffen: Der Schöpfer des Universums ist ein liebender Vater, der hinter dir steht und dir den Weg frei gemacht hat und frei macht. Von daher kannst du Wege gehen, die Menschen ohne Gott nie gehen könnten zu einer unmöglichen Zeit zu unerreichbaren Orten.

Die Gaben des Heiligen Geistes sind geistliche Geschenke Gottes an seine Kinder. Sie sind so vielfältig, dass ein Mensch sie in seinem irdischen Leben nicht auszuschöpfen vermag. So hast du selbst die Wahl zwischen einem Leben, das gesegnet ist oder einem Leben, in dem du ohne Ende gegen Mangel, Sorgen und Nöte ankämpfen musst.

Die Corona Pandemie befördert das Innerste nach außen

Jede Krise birgt die Chance, dass Menschen mehr über ihr Inneres erfahren und kennenlernen. Wenn man es mit einer Tube vergleicht, dann führt der Druck auf sie dazu, dass ihr Inhalt sichtbar wird und sich entleert. Im Blick auf eine Gesellschaft kann dies bedeuten, dass grundsätzliche Motivationen und Ansichten deutlicher zu Tage treten und es am Schluss viel leichter ist, sich für oder gegen eine bestimmte Haltung oder Ausrichtung zu entscheiden.

Kommt es dann zu guten und richtigen Entscheidungen, dann kann man tatsächlich davon ausgehen, dass die Krise am Schluss Anlass zu einer positiven Veränderung war. Es kann aber auch genau das Gegenteil eintreten, dass der Druck und die Anspannung dazu führen, dass Menschen ihr Herz verhärten, bitter werden und sie an sich selbst, der Welt und möglicherweise auch an Gott verzweifeln. Die Krise befördert lediglich das Innerste nach außen, aber worum es dann geht, geschieht mitten in der Auseinandersetzung von Licht und Finsternis in dieser Welt.

Krisen löst in der Regel der Feind Gottes, der Teufel, aus. Er möchte Menschen zu Fall bringen, damit sie sich enttäuscht von Gott abwenden und ihren Mut und ihr Vertrauen verlieren. In der Krise ist aber gleichzeitig Gott dem Menschen ganz nahe, denn er sehnt sich danach, jeden für sich zu gewinnen und ihn an sein Herz zu ziehen. Er möchte ihr Helfer in der Not und ihr Trost sein. Insofern lässt Gott wohl auch Krisen zu, um wieder neu einen Zugang zu den Menschen zu gewinnen, die in dem gewohnten Trott nicht nach ihm fragen würden.

Was befördert nun die Corona Pandemie zu Tage? Im Gebet wurden mir hier drei Dinge wichtig:

1. Die Corona Pandemie befördert unsere Einstellung zum Spirituellen zutage. Warum? Weil so ein sich schnell ausbreitender Virusinfekt uns mit den Grenzen des Machbaren konfrontiert. Dadurch wird eine Antwort des Herzens erforderlich: Was glaube ich hinsichtlich dieser Bedrohung der persönlichen Gesundheit und des Lebens? Wenn man genauer hinschaut, muss sich also jeder der Frage stellen: An wen glaube ich und wozu führt mein Glaube in dieser Situation?

2. Die zweite Frage, die sich auftut: Was hilft mir in einer bedrohlichen Situation? Der Prophet Jesaja schreibt dazu:

„Kommt nun, ihr vom Hause Jakob, lasst uns wandeln im Licht des Herrn! Ja, du hast dein Volk, das Haus Jakob, verstoßen; denn sie sind den Sitten des Ostens verfallen, und es gibt Zeichendeuter wie bei den Philistern, und Kinder von Fremden haben sie mehr als genug. Ihr Land wurde voll Silber und Gold, und ihrer Schätze war kein Ende; ihr Land wurde voll Rosse, und ihrer Wagen war kein Ende.

Auch wurde ihr Land voll Götzen; sie beten an ihrer Hände Werk, das ihre Finger gemacht haben. Aber gebeugt wurde der Mensch, gedemütigt der Mann. Vergib ihnen nicht! Geh in die Felsen und verbirg dich in der Erde vor dem Schrecken des Herrn und vor seiner herrlichen Majestät! Denn alle hoffärtigen Augen werden erniedrigt, und die stolzen Männer müssen sich beugen; der Herr aber wird allein hoch sein an jenem Tage“ (Jes. 2,5-11, Luther 2017).

Hinsichtlich des Erhalts des Lebens machen sich Menschen relativ schnell abhängig von Heilslehren, Heilmitteln oder bestimmten Weltanschauungen. Aus biblischer Sicht können diese häufig zu Götzen werden, denen die Menschen auch in finanzieller Hinsicht große Opfer bringen, indem sie ihnen Aufmerksamkeit und Beschäftigung aber auch ganz konkretes Tun widmen. Insofern offenbart die Pandemie auch, woher die Menschen Hilfe und Heilung erwarten, wenn es um ihre Gesundheit und ihr Leben geht.

3. Nicht zuletzt kommt das soziale Verhalten von uns allen auf den Prüfstand. Zunächst gab es für viele einen Lockdown, dann Abstandsregeln, schließlich das Tragen eines Mundschutzes. Der soziale Kontakt und das Beziehungsverhalten rückten plötzlich in den Fokus. Jeder wurde quasi zu einer Innerlichkeit gezwungen mit der Möglichkeit, sich auf sich selbst aber möglicherweise auch auf Gott neu zu besinnen. Gleichzeitig bestand aber auch die Gefahr, sich mehr von allem zurückzuziehen und zu resignieren.

Die Pandemie stellt uns also allen die Frage, an wen oder was glaube ich und wie drückt sich dies im Verhalten zu mir selbst, zu den anderen und zu Gott aus?

Kannst du dir vorstellen, dass es womöglich Gott selbst ist, der uns diese Fragen stellt? Wie sehen deine ganz persönlichen Antworten aus, wo gäbe es hier Spielraum für persönliches Wachstum, Weiterentwicklung oder ganz neue Einsichten, die du für dein Leben und deinen Glauben gewinnen kannst?

Die Gerechtigkeit Gottes

Die Bibel berichtet uns davon, dass Jesus Christus am Kreuz stellvertretend unsere Sünde und unsere Krankheit auf sich genommen hat und er sie durch das Opfer seines Leibes und seines vergossenen Blutes ausgelöscht hat (vgl. Jes. 53,4). Am Kreuz hat er durch seinen Tod den Teufel besiegt und zur Schau gestellt. Und gleichzeitig hat er uns dadurch dem Machtbereich der Finsternis entrissen und uns in das

Königreich der Liebe versetzt (vgl. Kol. 1,13). Denn jeder, der an Jesus Christus glaubt, ist mit ihm identifiziert, also mit ihm gekreuzigt, gestorben und auferstanden. Er ist nun, wie das Wort Gottes sagt, eine neue Schöpfung. Jesus Christus wurde für uns am Kreuz zum Fluch, sodass wir die Gerechtigkeit Gottes sein dürfen (vgl. 2. Kor. 5,21).

Dieses kostenlose Geschenk der Gerechtigkeit Gottes, das nicht auf einer menschlichen Leistung beruht, sondern seinen Grund allein im vollbrachten Erlösungswerk Jesu hat, wird meiner Ansicht nach in der kommenden Zeit für viele Menschen sehr attraktiv sein, für viele aber wird es der größte Anstoß der Geschichte sein.

Warum kann die Gerechtigkeit Gottes einen solchen Anstoß erregen? Das liegt wohl daran, dass sie uns Menschen mit einer Autorität konfrontiert, der gegenüber wir verantwortlich sind sowie mit einem objektiven Maßstab von Schuld und Versagen.

Das ist für den heutigen, oft humanistisch geprägten Menschen nur schwer auszuhalten, da er sich mit Vorliebe selbst zum Maßstab aller Dinge macht.

Von daher ist Gottes Gerechtigkeit in besonderer Weise ein Ausdruck seiner Liebe. Sie ist ein gewaltiger Strom des Lebens, durch den alles in seine richtige Position und Ordnung kommen kann. Ohne die oberste Instanz der Gerechtigkeit Gottes würde das menschliche Leben sofort aus der Fassung geraten und jeden Halt und jede Orientierung verlieren.

Selbst Menschen in der Welt, die ohne Glauben an Gott und seine Gebote leben, sind im Alltag in vielem von der göttlichen Ordnung, die in der Schöpfung wirksam ist, abhängig, ohne dass sie es wissen. Solange sie Gott nicht erkennen, sind sie blind gegenüber der Herrlichkeit Gottes, die fortwährend die Schöpfung erhält und trägt.

Die zwei Arten von Leben

Gott möchte uns von daher nicht verurteilen, es ist vielmehr der Feind Gottes, der Teufel, der die Menschen verklagt. Gott ist von seiner Natur her voller Hingabe, Barmherzigkeit, Gnade und Versöhnung. Ein einfaches Gebet, in dem du Jesus Christus als Herrn deines Lebens annimmst, erschließt dir daher ein neues Lebens, in dem du das Wahre und Echte genießen lernst und alle ichsüchtigen Anstrengungen und Ziele deines Lebens mehr und mehr aufgibst. In Christus entdeckst du nun, dass du in ihm selbst zur Herrschaft gebracht bist, aber nun nicht mehr auf Kosten anderer, sondern um ein Segen für viele Menschen zu sein.

Diese beiden Arten von Leben, dass ichbezogene Leben im Gegensatz zum Christus bezogenen Leben, werden sich am Ende der Zeiten in dieser Welt völlig offensichtlich gegenüber stehen. Jeder, der es miterlebt, wird vor die Entscheidung gestellt sein, mit Gott oder ohne ihn zu leben. So wird Gott jeden einladen, sich dem wahren Leben und seiner Liebe anzuschließen. Bist du dabei?

Im Buch der Offenbarung in der Bibel wird vor einer großen Trübsal berichtet. Diese wird als eine Zeit beschrieben, in der Gott am Ende der Zeit seine haltgebende und den Menschen tragende Herrlichkeit von der Erde zurückziehen wird und die Menschen, die sich gegen ein Leben mit ihm entschieden haben, die Folgen dieser Gottlosigkeit unmittelbar zu spüren bekommen. Auch in dieser Zeit wird das Tor zur Umkehr zu Gott geöffnet bleiben, aber zu keiner Zeit darüber hinaus wird der Mensch so ohne die Liebe Gottes auf sich gestellt sein. So läuft die Menschheitsgeschichte auf die einzige große Entscheidung zu: Öffne ich mich für ein Leben in der Herrlichkeit Gottes oder entscheide ich mich dagegen.

Die geistliche Waffenrüstung

Im Epheserbrief beschreibt der Apostel Paulus die geistliche Waffenrüstung, die uns verliehen ist: „Zuletzt: Seid stark in dem Herrn und in der Macht seiner Stärke. Zieht an die Waffenrüstung Gottes, damit ihr bestehen könnt gegen die listigen Anschläge des Teufels. Denn wir haben nicht mit Fleisch und Blut zu kämpfen, sondern mit Mächtigen und Gewaltigen, mit den Herren der Welt, die über diese Finsternis herrschen, mit den bösen Geistern unter dem Himmel.

Deshalb ergreift die Waffenrüstung Gottes, damit ihr an dem bösen Tag Widerstand leisten und alles überwinden und das Feld behalten könnt. So steht nun fest, umgürtet an euren Lenden mit Wahrheit und angetan mit dem Panzer der Gerechtigkeit und beschuht an den Füßen, bereit für das Evangelium des Friedens. Vor allen Dingen aber ergreift den Schild des Glaubens, mit dem ihr auslöschen könnt alle feurigen Pfeile des Bösen, und nehmt den Helm des Heils und das Schwert des

Geistes, welches ist das Wort Gottes (Eph. 6,10 – 17, Luther 2017)."

Der Brustpanzer der Gerechtigkeit ist eine mächtige defensive Waffe, die du tragen darfst. Die uns von Gott verliehene Gerechtigkeit bedeutet einen mächtigen Schutz gegenüber allem, was dich in dieser Welt angreifen will und wodurch du dich womöglich selbst in Frage stellst. Auch alle gedanklichen Lügen, die dich verurteilen wollen, müssen abprallen, wenn du dir dieses himmlische Geschenk bewusst machst und jeden Tag voller Freude und Überzeugung bekennst:

„Ich bin die Gerechtigkeit des himmlischen Vaters in Jesus Christus und nichts kann mir diesen Stand rauben - auch nicht ein Fehler oder eine Sünde, die mir vielleicht passiert. Denn das vollbrachte Werk Jesu verleiht mir Gerechtigkeit und begründet so meinen Schutz, meinen Stand und meine Identität. Ich bleibe stets in Christus und bin nicht auf mich selbst angewiesen".

Das ist in der Corona Krise eine grundlegende Wahrheit. Denn von Anfang an hat sich mit diesem Virus ein Geist der Furcht, der Täuschung und der Kontrolle verbunden. Durch diese Pandemie will dieser Geist immer mehr Einfluss auf jeden einzelnen Menschen gewinnen. Und der Panzer der Gerechtigkeit ist in der Lage, diesen Angriff effektiv und absolut wirkungsvoll abzuwehren und zu entschärfen.

Dadurch dass du zudem den Helm des Heils im Glauben trägst, weißt du, dass auch deine Gedanken beschützt sind, bzw. dass du unterscheiden kannst, was Lüge und was Wahrheit ist. Du bist nicht auf das Aufdecken von Verschwörungstheorien angewiesen, sondern durch die Unterscheidung, die der Heilige Geist dir schenkt, kommen deine Gedanken zur Ruhe und du tauchst ein in den Schalom Gottes.

Der Heilige Geist gibt dir ein inneres Zeugnis von der Wahrheit, das tut so gut! Du kannst dann immer wieder aus einem gewissen inneren Abstand heraus die Dinge bewegen und beurteilen. Und anderen wird es einfach wohl tun, was du sagst und wie du dich äußerst und wie du Stellung beziehst.

Dein Glaube ist der Sieg

Der berühmte Prediger Martin Luther King äußerte einmal den berühmten Satz: „I have a dream, ich habe einen Traum". Dies ist eine wunderbare Sache und vieles von dem, was Martin Luther King sich wünschte und erträumte, ist bis heute in Erfüllung gegangen. Das Stärkste jedoch geschieht im Himmel und auf Erden, wenn sich dein Traum mit Glauben verbindet. Jesus sagt im Evangelium zwölf Mal zu Menschen, die seine Hilfe und Heilung erfahren haben: „Dein Glaube hat dir geholfen".

Der Glaube ist deshalb so stark, weil dich nichts so sehr mit dem Herzen des himmlischen Vaters verbindet. Nichts stiftet so sehr Vertrauen und bringt solche Gewissheit und solchen Gehorsam gegenüber Gott hervor. Und nichts hat so gewaltige Auswirkungen wie ein ungeteilter Glaube an das Wort Gottes und die Kraft des Heiligen Geistes. Gott selbst ist ein Gott des Glaubens.

Willst du von daher den Sieg über das Coronavirus und jede andere Art von Krankheit in deinem Leben erfahren? Dann aktiviere die Gabe des Glaubens, die Jesus in deinen Geist legte, als du zu ihm kamst.

Die Fähigkeit zu glauben ist eine geistliche Gabe, die du in dieser Form im Natürlichen nicht hervorbringen kannst. Diese Gabe wird genährt und wächst in deinem Herzen durch das Wort Gottes. Und auch das, was Gott beginnt, in deinem Leben zu tun, stärkt und festigt dich in der Hingabe an ihn.

Lass dir vom Heiligen Geist den vollständigen Sieg über die Virus Pandemie am Kreuz Jesu vor Augen führen. Der Herr hat jede Art von Krankheit am Kreuz getragen, er hat das Coronavirus am Kreuz besiegt und es seiner Macht entkleidet. Widerstehe durch das Blut Jesu diesem

Geist der Furcht, der Täuschung und der Kontrolle, die sich mit diesem Virus verbunden hat. Feiere jeden Tag das Abendmahl und nehme es ein als die stärkste Medizin im Himmel und auf Erden.

Jesus sagte zur Einsetzung des Abendmahls: „Nehmt, esst, dies ist mein Leib! Und er nahm einen Kelch und dankte und gab ihnen den und sprach: Trinkt alle daraus! Denn dies ist mein Blut des Bundes, das für viele vergossen wird zur Vergebung der Sünden" (ELB. Mt. 26,26-28).

Verbindet sich nun durch deinen Glauben der Sieg des Himmels mit dem irdischen Zeichen, so nimmst du das Überwinden Jesu am Kreuz auf und bekennst die Kraft des Heiligen Geistes, die stärker, kreativer und allumfassender ist als es jede menschliche Medizin sein könnte.

Komm an den gedeckten Tisch des Herrn im Angesicht der Feinde, auch im Angesicht von Krankheiten (vgl. Ps. 23)! Der Herr gibt dir aus seiner Fülle genau das, was du brauchst nach Geist, Seele und Leib und er schenkt dir übervoll ein, so dass es sogar noch überfließt. So kannst du in Vollmacht davon weitergeben an deine Lieben und an viele andere Menschen. Denn du selbst bist ein Sieger, mehr als ein Überwinder, ein Gesegneter, ein Sohn der Herrlichkeit. Der Himmel möchte dich triumphieren sehen in jeder Lebenssituation und so auch besonderes in den Zeiten einer weltweiten Pandemie.

Die menschliche Entwicklung wird beschleunigt

Krisen können grundsätzlich zur Stagnation oder eben auch zur Beschleunigung und Weiterentwicklung führen. Durch den gesellschaftlichen Druck werden manche Forschungen vorangetrieben und anderes wird realisiert, was sonst noch lange liegen geblieben wäre. Auch Nationen werden geprüft und müssen sich neu behaupten. Bisher gewohnte Kräfteverhältnisse geraten ins Wanken.

Ich bin überzeugt, dass der Herr genau wie jedem einzelnen Menschen so auch jeder Nation einen guten und besonderen Weg aus der Corona Pandemie aufzeigen möchte. Die Frage ist dabei nur, wie weit sich ein ganzes Land vom Herrn bewegen lässt.

Und wie geeint werden Christen für ihre Nation einstehen, so dass Gott die Möglichkeit hat, richtungsweisend einzugreifen? Werden Christen ihre Autorität erkennen und ausüben? Werden sie durch gemeinsames Bekennen und Beten wesentlich die Ausrichtung ihrer Nation mitgestalten und das gute Erbe, das Gott vorherbestimmt hat, ins Sichtbare bringen? Möchtest du in dieser Weise ein Weltveränderer sein?

Als ein Beispiel können wir einmal die Präsidentschaft von Donald Trump in Amerika betrachten. Diese Präsidentschaft ist besonders umstritten und umkämpft. Viele werden sagen, dass dies am launigen und selbstbezogenen Temperament des Präsidenten liege, aber stimmt das wirklich?

Die politischen Auseinandersetzungen um den Präsidenten sind teilweise so irrational aufgeladen, voreingenommen und manipulativ, dass deutlich wird, dass hier tiefergehende Überzeugungen und geistige Mächte miteinander ringen.

Abgesehen von manch tagespolitischer Unberechenbarkeit hat sich Donald Trump politisch an die Seite Israels gestellt. Durch das Verlegen der Botschaft nach Jerusalem hat er diese Stadt als Hauptstadt des jüdischen Volkes im biblischen Sinne geehrt. Er hat sich gegen den palästinensischen und iranischen Terror gestellt, der das Existenzrecht Israels leugnet.

Als erster Präsident hat er den Marsch des Lebens angeführt und ist gegen Abtreibung aufgestanden. Und er hat sich auch zusammen mit seiner Botschafterin Nikki Haley bei den Vereinten Nationen gegen China gewandt und andere, die in der Welt immer mehr Vorherrschaft und Kontrolle anstreben. Seine Frau Melania hat alle okkulten, abergläubischen Gegenstände aus dem Weißen Haus entfernen lassen, als sie dort einzogen. Gleichzeitig hat Donald Trump im Weißen Haus regelmäßig von apostolischen Leitern des Leibes Christi für sich beten lassen und Bibelstunden eingeführt. Und sein Stellvertreter, Vizepräsident Mike Pence, ist ein bekennender, wiedergeborener Christ und ein echter Vater im Glauben.

Parallel zu seiner Amtseinführung zeigte mir der Herr auch eine geistliche Veränderung in den USA: Die geistlichen Brunnen in Amerika werden tiefer gebohrt, die Kinder Gottes empfangen frische Offenbarung und es fällt ihnen leichter, einen oberflächlichen religiösen Geist zu überwinden. Und es öffnen sich für sie neu Ströme der Heilung, der Erweckung und der Evangelisation. Amerika kann also unter dieser Präsidentschaft Segen empfangen, sie kann den unterstützenden Rahmen schaffen, in dem auch die Kirche in einer neuen Salbung Stärke gewinnt.

Nur der Heilige Geist kann versteckte Motive des Herzens offenbaren. Dies geschieht mitunter überführend aber auch, um einen Menschen im Licht Gottes als den erkennbar zu machen, der von Gott gesetzt und berufen ist, der aber in der Welt gegenüber den Menschen wenig gelten mag.

Dort wo dem Geist Gottes Raum gegeben wird und das Evangelium kühn verkündigt wird, dort werden sich in den Nationen in Zukunft die wunderbarsten Entwicklungen und Segnungen einstellen, die sich heute kein Mensch so vorstellen kann. Zeichen und Wunder werden dann durch den Leib Christi vor aller Augen geschehen und das Wirken Gottes wird in aller Munde sein.

Amerika ist auch im geistlichen Sinne eine Schlüsselnation für die westliche Welt. Viele Dienste und geistliche Erweckungen und Bewegungen haben von dort aus die Nationen beeinflusst und dies wird auch weiter von Bedeutung sein.

Europa vor der Umkehr?

Zu Beginn des 20. Jahrhunderts wurde in einer Berliner Erklärung, einem Manifest einer Reihe von deutschen geistlichen Leitern, der mittlerweile weltumspannende pfingstliche Aufbruch, ausgehend von der Azusa Street in Los Angeles, USA, verurteilt und dämonisiert.

Ein großer Teil der geistlichen Leitung Deutschlands folgte damit in weiten Teilen nicht dem Handeln Gottes und den von ihm gesetzten Berufungen, sondern zog sich zurück in Stolz und Richtgeist. Das hatte katastrophale Folgen für die geistliche Atmosphäre in Deutschland, der Leib Christi verlor seine Vollmacht, Korrektiv gegenüber unheilvollen Entwicklungen im Land zu sein.

Es folgten zwei Weltkriege, eine Blütezeit der liberalen Theologie und bis heute eine kritische Haltung gegenüber souveränen Aufbrüchen des Heiligen Geistes und seiner Kraft. Die Glorifizierung des menschlichen Verstandes gewann besonders in Deutschland sehr stark die Oberhand.

Gottes Wort aber sagt: „Es soll nicht durch Heer oder Kraft, sondern durch meinen Geist geschehen, spricht der Herr Zebaoth (Sacharja 4,6, Luth. 2017)."

Gott erwartet, dass wir uns mit unseren eigenen Möglichkeiten, auch denen unseres Verstandes, vor ihm demütigen und beugen und von ganzem Herzen seine Weisheit, seine Führung, Wahrheit und Leitung suchen und uns ihr in Liebe anvertrauen. Die absolute Wahrheit kann der Mensch nicht in seinem Herzen und Denken finden sondern nur in Gottes Wort, so wie es uns in der Bibel anvertraut ist.

Brauchen die Menschen in Europa von daher Umkehr und Buße? Werden sie diesen Ruf hören? Werden sie innehalten und sich bewusst machen, wie sehr sie dem Mammon gedient haben, ungeborenes Leben vernichtet und die göttliche Ordnung in Ehe und Familie verlassen haben. Werden sie erkennen, wie sehr sie die Berufung Israels missachtet und das menschlich Machbare vergöttert haben? Richtet sich in der jetzigen Corona-Krise ein solcher Ruf zur Umkehr nicht an viele? Werden sie ihn vernehmen, werden sie ihm folgen?

Im Gebet hatte ich den Eindruck, dass wir erst am Anfang von weiteren Erschütterungen stehen. Und mir wurde auch bewusst, dass diese nur Reaktionen des Feindes sind auf gewaltige Durchbrüche, die Gott denen ermöglichen möchte, die ihm vertrauen.

So nahm ich im Gefolge der Corona-Krise eine Finanzkrise wahr. Die Möglichkeiten, mit schier unerschöpflichen finanziellen Mitteln Krisen zu bewältigen scheint an ihre Grenzen zu kommen. In diesem Zusammenhang geht es aber gleichzeitig um die Freisetzung des Leibes Christi im Bereich der Versorgung, dass diese durch Glauben unabhängig von säkularen Finanzsystemen empfangen werden kann.

Daraufhin schien eine politische Erschütterung zu folgen, die die Frage nach Macht und Ohnmacht stellte. In unserem Land erscheinen Politiker oft sehr einflussreich und Christen oft unscheinbar und ohne Einfluss. Gott möchte jedoch seinen Leib zum Aufstehen motivieren und eine echte, von ihm verliehene Autorität soll in der Gemeinde erneut ausgeübt und auch sichtbar werden.

Einer darauf folgenden spirituellen Sinnkrise möchte der Herr schließlich durch einen neuen geistlichen Hunger, der souverän durch das Wirken seines Geistes ausgelöst wird, begegnen. Wenn auch viele von Depressionen, Zweifeln und Ängsten erfasst werden, so wird sich in Deutschland doch gleichzeitig ein Fragen und ein geistlicher Hunger nach Gott einstellen und damit den Weg bereiten für eine stärkere Ausgießung des Heiligen Geistes.

Israel wird in Turbulenzen geraten

Der Kampf um die Wahrheit und den Durchbruch des Lichtes in der Endzeit wird sich in Israel vor aller Augen beispielhaft abspielen. Wie in einem Brennglas wird es sich dort verdichten, sodass unser Gebet für Israel in Zukunft umso wichtiger sein wird.

Diesbezüglich hatte ich den Eindruck, dass der Herr sagt: "Die Gabe, die ich in mein Volk hineingelegt habe, wird im Moment vom Feind noch ins Gegenteil verkehrt. Die Weltbevölkerung schaut zwar auf Israel, aber sie tut dies mit dem Blick der Überheblichkeit und dem fehlenden Verständnis für die Erwählung meines Augapfels. Bis zur Wiederkunft meines Sohnes werden die politischen Bemühungen für einen Frieden in Jerusalem es aller Welt verdeutlicht haben, dass in dieser Stadt durch menschliche Anstrengung kein Friede zu bewirken ist.

Im Frieden Jerusalems liegt nämlich der Friede der ganzen Welt beschlossen. Die Umkehr von aller religiösen Gebundenheit zu meinem Thron soll in Jerusalem möglich werden. Hinsichtlich der Reinigung von menschlicher Selbstsucht und jeder Form von geistlicher Vermischung soll in dieser Stadt ein Zeichen meiner Versöhnung aufgerichtet werden, das so stark sein wird, dass alle Welt es anschauen muss.

An diesem Ort, der von den verschiedenen politischen Interessen und den Weltreligionen umkämpft wird, politisch mit menschlichen Mitteln Frieden schaffen zu wollen, dies wird in der Endzeit, die schon begonnen hat, ein unmögliches Unterfangen sein.

Die Politiker in Israel, in meinem Volk, stehen unter einer viel größeren Gnade, als viele es denken. Ihre Versuche, die eigenen Landsleute zu schützen oder auch in Verhandlungen eine Waffenruhe herbeizuführen, stehen unter einem viel größeren Druck als in anderen Regionen der Erde. Jeder einzelne ihrer

Entscheidungen wird beobachtet und größtenteils gegen sie ausgelegt. Sie sehen sich andauernden Terroranschlägen ausgesetzt und müssen zwischen Notwehr und stillem Nachgeben abwägen. Dies ist eine aufreibende Herausforderung, die niemand in den westlichen Ländern wirklich nachvollziehen kann.

Der Feind treibt dämonische Mächte aus allen Regionen der Erde über Israel zusammen, weil er sieht, dass ich in meinem Volk eine geistliche Erweckung vorbereite.

Diese Erweckung wird zwar im Schmerz einer kriegerischen Auseinandersetzung mit umliegenden Nationen geboren werden, aber sie wird für den Leib Jesu in der ganzen Welt die endzeitliche Ausgießung meines Heiligen Geistes freisetzen.

In der kommenden Zeit werde ich Fürbitter in allen Nationen der Erde beauftragen, für mein Volk im Gebet einzutreten und meinen geliebten Kindern zur Seite zu stehen, wenn sie die Drangsal auf sich nehmen werden, deren Erdulden einer ganzen Welt den Segen Abrahams bringen wird."

Die Gaben des Geistes

Die Ausübung der Gaben des Heiligen Geistes wird in der Gemeinde auch in unserem Land in Zukunft keine Randerscheinung mehr sein, sondern sie wird ihren zentralen Stellenwert einnehmen. Dadurch wird die Gegenwart der Herrlichkeit des Herrn für alle sichtbar sein. Christen werden wie in einer geistlichen „Laubhütte" (vgl. Jes. 1,8) geschützt sein vor den Unwettern gesellschaftlicher Turbulenzen, die aufziehen.

Derzeit können wir beobachten, dass immer mehr Menschen in Deutschland sich an der Auflösung christlicher Werte beteiligen und wie der Zusammenhalt der Gesellschaft dadurch brüchiger wird. Maßstäbe, die in früheren Jahrhunderten für die Bevölkerung noch mit prägend waren, verlieren nicht nur ihre Bedeutung, sondern werden von vielen regelrecht verworfen. Eine Gesellschaft, die sich schon seit langem in weiten Teilen entschieden hat, ohne Gott zu leben, wird dies nun öffentlich unterstreichen und damit auch dem Heiligen Geist und seinem Segen die Tür weisen. Die Rebellion gegen Gott erfasst schon jetzt immer größere Teile Deutschlands.

Insofern glaube ich, dass die Gräben zwischen der christlichen Gemeinde und der Welt immer tiefer werden. Aber in diesen Gräben wird das lebendige Wasser des Heiligen Geistes umso kraftvoller fließen. Es wird die Kinder Gottes schützend umspülen und es wird die reinigen und kraftvoll erfüllen, die neu zum Glauben kommen und sich bekehren. Mit der Zeit wird der Heilige Geist in Deutschland immer stärker wirken und die Kirche wird zur Rettungsstation für die, denen die zunehmende Dunkelheit in der Gesellschaft Halt und Sinn zu nehmen droht.

Dazu lesen wir im Johannesevangelium: "Wenn euch die Welt hasst, so wisst, dass sie mich vor euch gehasst hat. Wäret ihr von der Welt, so hätte die Welt das ihre lieb. Weil ihr aber nicht von der Welt seid, sondern ich euch aus der Welt erwählt habe, darum hasst euch die Welt. Gedenkt an das Wort, dass ich euch gesagt habe: der Knecht ist nicht größer als sein Herr. Haben sie mich verfolgt, so werden sie euch auch verfolgen; haben sie mein Wort gehalten, so werden sie eures auch halten

Aber das alles werden sie euch tun um meines Namens willen; denn sie kennen den nicht, der mich gesandt hat. Wenn ich nicht gekommen wäre und hätte es ihnen gesagt, so hätten sie keine Sünde; nun aber können sie nichts vorwenden, um ihre Sünde zu entschuldigen. Wer mich hasst, der hasst auch meinen Vater.

Hätte ich nicht die Werke getan unter ihnen, die kein anderer getan hat, so hätten sie keine Sünde. Nun aber haben sie es gesehen, und doch hassen Sie mich und meinen Vater. Aber es muss das Wort erfüllt werden, dass in ihrem Gesetz geschrieben steht: " Sie hassen mich ohne Grund " (Psalm 69,5).

Wenn aber der Tröster kommen wird, den ich euch senden werde vom Vater, der Geist der Wahrheit, der vom Vater ausgeht, der wird Zeugnis geben von mir. Und auch ihr seid meine Zeugen, denn ihr seid von Anfang an bei mir gewesen. (Johannes 15,18-27, Luth. 2017)."

Säulen der Anbetung

In Deutschland gibt es starke Götzen, die angebetet werden und die man als Säulen bezeichnen könnte. So kann man im geistlichen Raum regelrecht Säulen der Anbetung erkennen, die immer höher in den Himmel zu ragen scheinen. Aus meiner Sicht sind vor allem vier Säulen zu erkennen, die immer wieder an den unterschiedlichsten Orten auftauchen.

Ich erkenne in ihnen die Götzen des Geldes, der religiösen Selbstverherrlichung, der Korruption und Gesetzlosigkeit und des Geltungsstrebens. Viele, die an diesen Säulen weiterbauen, scheinen nicht mehr zu wissen, was sie tun, sie sind nicht mehr Herr ihrer selbst.

Mir wurde bewusst, dass durch jetzt einsetzende Krisen diese Säulen ins Wanken kommen werden, bis sie schließlich einstürzen. Das kann viele zu Fall bringen, die sich bisher ganz auf sie verließen. Aber sie haben schon vorher diese Grube gegraben. Und immer mehr werden hineinfallen.

Gleichzeitig ist die christliche Gemeinde zu immer größerer Vollmacht berufen. Sie gewinnt die Freiheit, hinauszugehen zu den Verlorenen. Die Geistesgaben dienen dazu, Menschen zu überführen. Und durch die Aktionen der Christen retten viele buchstäblich ihr Leben. Die Erschütterungen halten lange an, die falschen Fundamente der Säulen müssen freigelegt werden. Damit verbunden, so glaube ich, wird ein wirtschaftlicher Niedergang sein, eine große Arbeitslosigkeit und auch z. B. ein Einbruch der militärischen Wehrfähigkeit des Landes.

Viele Politiker in Deutschland werden dann auch von Gott geprüft werden und eine Reihe von ihnen wird zum Glauben finden. Es wird gewissermaßen zu einer neuen Geburtsstunde kommen, in der der christliche Glaube im öffentlichen Leben unserer Nation noch einmal bedeutsam wird und sich auch Verantwortliche des Landes vor Gott demütigen. Eine lange Wüstenzeit liegt vor Deutschland, vor dem Herrn müssen sich alle Knie beugen.

Die Kirche in unserem Land wird dabei ihre Gestalt wesentlich verändern. Freie Gemeinden werden immer mehr eine führende Rolle im Leib Jesu übernehmen, sodass ihnen schließlich die zentrale Verantwortung für ihn zukommt. Das gottesdienstliche Leben wird sich ebenfalls in vielem neu ordnen. So wird z.B. die Kindertaufe an Bedeutung verlieren und das öffentliche Zeugnis der Neubekehrten vor der Gemeinde immer wichtiger werden.

Schließlich wird ein ganz neuer Segensstrom erkennbar sein, der durch das ganze Land zu fließen beginnt. Es wird auch ein heilender Strom sein, von dem der Prophet Hesekiel schreibt. Denn viele Wunden werden in dieser Zeit zu verbinden sein und viele in seelischer Krankheit werden nach der Wahrheit lechzen.

„...und alles, was darin lebt und webt, wohin der Strom kommt, das soll leben. Und es soll sehr viele Fische dort geben, wenn dieses Wasser dorthin kommt; und alles soll gesund werden und leben, wohin dieser Strom kommt.“(Hes.47,9, Luth. 2017)

Schon heute können die Fürbitter für Deutschland diesen Segensstrom für ihr Land proklamieren, in Existenz bringen und sich selbst in ihm bewegen. So können wir zu Gott flehen:

„Lieber Herr Jesus, du siehst die Gottvergessenheit in unserem Land. Nichts ist dir verborgen, und du siehst die falschen Fundamente, auf die Menschen bauen und auf die sie sich verlassen. Dein Heiliger Geist war lange Zeit geduldig und immer wieder hast du angeklopft und um

Vertrauen zu dir geworben. Die falsche Saat, die nun dabei ist aufzugehen, wirst du verbrennen, aber deine Kraft wird im Herzen unserer Nation noch einmal den Segensstrom hervorbringen, den du schon immer für uns bereithieltst.

Die Gaben deines Geistes dürfen wir heute empfangen. Wir wollen sie dankbar annehmen, um gegen die Angriffe des Feindes gewappnet zu sein.

Trainiere uns, Heiliger Geist, dass wir in Vollmacht den Mächten gebieten und in Autorität unser Gebiet erweitern. Und heile du unser Land. Wenn Menschen zu Fall kommen, so rette du sie. Herr, wir bringen vor dich die Rebellion in den Herzen so vieler. Erbarme dich über sie.

Und lass an deiner Vaterschaft unsere Nation genesen, dass sich die Herrschaft deiner Liebe offenbart. Amen“

Eine Ausgießung des Heiligen Geistes

In nie dagewesener Weise wird sich der Herr in seiner Kraft und der Macht seines Wortes erweisen für die, die dafür offen sind, die ihn in ihrer Verzweiflung brauchen und die sich in ihrer Suche nach Sinn und Hilfe nach ihm ausstrecken.

Im Gebet öffnete sich vor einiger Zeit eine Tür vor mir und ich spürte, dass niemand sie mehr verschließen konnte. Einige waren schon durch diese Tür gegangen, aber viele folgten noch. Die göttliche Liebe entzündete in Deutschland souverän dieses Feuer und keiner konnte es stoppen. Es war, wie wenn man einen Streichholz in trockenes Holz wirft und es emporlodert. Keiner hatte damit in unserem Land gerechnet, aber es war unaufhaltsam.

Ich spürte, dass der Heilige Geist derzeit eine Tiefenbohrung durchführt, die die wahren Schätze dieser Nation noch einmal für das Königreich Gottes tauft und freisetzt.

Möchtest du daran beteiligt sein? Dann verlier dich in seiner Kraft und lass sie zu deinem Eigenen werden, dann gräbt sie sich tief bei dir ein und es wird dir immer leichter fallen, in den neuen Strom Gottes einzutauchen.

Deutschland hat einen klaren Auftrag. Den Kindern Gottes in diesem Land ist ein eindeutiges Ziel gegeben. Die Gaben von vielen Leitern im Reich Gottes in Deutschland sind klare biblische Lehre, Organisation, Struktur und Hingabe an etwas. Diese gilt es von religiösem Einfluss zu befreien und zu reinigen, sodass göttliche Autorität in Vollmacht ausgeübt werden kann.

Die göttliche Hierarchie

Die deutsche Nation war in der Vergangenheit oft in unmündigen Hierarchien befangen, aber dies soll durch die göttliche Hierarchie abgelöst werden, in der die Söhne und Töchter in Deutschland besondere Zeichen und Wunder freisetzen und das Königreich demonstrieren. Der Feind Gottes wird versuchen, es zu kopieren, um durch Stolz und Selbstherrlichkeit viele vom geraden Weg abzubringen, aber die eindeutige Ausrichtung auf den Herrn Jesus Christus wird dich bewahren.

Im Moment gibt es in Deutschland an einigen Stellen schon größere Ausgießungen des Geistes, aber an vielen Orten fließen noch schwache Rinnsale. In diesen ganzen Wasserläufen wird der Pegel deutlich ansteigen. Das wird so wie im Natürlichen eine größere Anziehungskraft haben.

Genau so wie es bei warmen Temperaturen viele zum Baden einlädt, so werden viele Menschen kommen, weil sie die gestiegene "Liebestemperatur" in der Gemeinde spüren werden und weil sie von den Auswirkungen heilender und wiederherstellender Wunder gehört haben. So wird es einen starken Zug in die

Gemeinde geben, sodass dafür nicht einmal besondere missionarische Anstrengungen erforderlich sind.

Auf ihr Durstigen, kommt!

Wie verhältst du dich am besten in dieser Entwicklung? Das Beste ist, wenn du dich von ganzem Herzen ausstreckst nach diesen stärkeren Strömen des lebendigen Wassers. Bekenne die ersten Verse von Jesaja 55, "Auf ihr Durstigen, kommt zum Wasser...!", sprich sie immer wieder aus. Mache dir bewusst dass dein innerer Mensch, dein Geist, voller Durst ist.

Halte dich Gott hin wie ein Gefäß, er möchte es füllen. Lass dich überfluten von seiner Herrlichkeit und freue dich allezeit. Freue dich und lass dich nicht von anderen Stimmungen in dieser Welt übernehmen. Du bist ein Sohn und eine Tochter der Herrlichkeit!

Deutschland insgesamt wird geprüft und am Schluss sogar gebeugt werden. Es gibt viel Stolz und Selbstherrlichkeit in unserer Nation, die gebrochen und aufgelöst werden müssen. Lass dich von diesen Entwicklungen nicht irritieren!

Im Königreich Gottes sollte es für dich immer genau entgegengesetzt aufwärts gehen. Zu jeder negativen Entwicklung, die du in den Medien und all den Nachrichten hörst, nimm einfach das Gegenteil davon, sprich es, proklamiere es, nimm es für dich in Anspruch, dein Glaube widerspricht dem Umstand und bekennt die Verheißung des Herrn. In diesem Sinne stehe auf im Glauben, schau auf Jesus, er führt dich zurück zur ersten Liebe mitten in dieser deutschen Nation.

Der Geist als Helfer in jedem Lebensbereich

Deutschland ist eine Nation des reformatorischen Wortes Gottes. Diese reformatorische Dynamik wird nach Deutschland zurückkehren. Um dem Zeitgeist wirkungsvoll und in voller Kraft widerstehen zu können, braucht es die Besinnung und die Rückkehr auf das "scharfe Schwert des Geistes, welches ist das Wort Gottes" (vgl. Eph. 6,17) und es braucht die vollständige Einbeziehung der Kraft des Heiligen Geistes in allen Lebenssituationen und -bereichen.

Denn der Heilige Geist wurde in Deutschland im Sinne einer dualistischen Weltanschauung aus vielen Lebensbereichen weitgehend verbannt. Und dies muss aufgelöst und widerrufen werden. Er ist der Helfer und der Tröster, die Kraft zum Leben und er schenkt die Weisheit in Beziehungen, in der Versorgung, in der Gesundheit, in der Pädagogik, in der Psychologie und ja vor allem auch in der Theologie.

Wir leben im Zeitalter des Heiligen Geistes. Dort, wo er durch menschliche Anstrengung abgelöst oder sogar bewusst verurteilt wurde, kannst du beginnen, ihn über allem anderen zu ehren als das Kostbarste, Schönste und Herrlichste, was uns im christlichen Leben anvertraut ist. In ihm liegt die Natur Gottes, an der du Anteil haben darfst und die durch dich wirken möchte.

Freude vor dem Thron Gottes

So stimme ein ins Gebet und sage:

“Komm Heiliger Geist, übernimm du, durchdringe die Festungen des Verstandes und der Religion in unserem Land. Durchdringe die Festung der Verweltlichung und Ablenkung, durchdringe die Festungen des Zeitgeistes, wo der Mensch sich das Recht nimmt, ungeborenes Leben zu töten, die eheliche Ordnung aufzulösen, Unreines rein und Reines unrein zu nennen.

Komm Heiliger Geist als der Sieger des Lebens, als die Quelle und die Inspiration für das schönste und göttliche Leben.

Erneuere das geistliche Leben in unserem Land, führe und leite uns, übernimm du und lass die Quelle des Heils hervorbrechen. Lass die geistlichen Kräfte des Himmels hervorbrechen, dass sie alles überfluten, dass sie die alten Bachläufe der Reformation wieder mit neuem Leben erfüllen und dass der Jubel und der Siegesruf der Anbetung “Jesus ist Sieger!” wieder zu hören ist. Erwecke und berühre dieses Land noch einmal, dass sein Erbe mit Freude vor deinen Thron gebracht wird.”

Nichts darf dir schaden

Die Einstellung, dass nach der Pandemie nur alles wieder so werden möge wie vorher, ist aussichtslos. Die Pandemie ist nur der Startschuss endzeitlicher Erschütterungen, die immer und immer wieder den hart gewordenen Boden aufbrechen müssen, damit das lebendige Wasser des Himmels einen Zugang findet, die menschlichen Herzen zu erreichen, damit diese errettet und erleuchtet werden können. Denn in unserem Herzen glauben und vertrauen wir, hier können sich die Zusagen und Verheißungen Gottes in dieser Zeit tief einwurzeln.

So stelle dir Jesus vor als den, der dir in dieser Zeit den Tisch deckt im Angesicht deiner Feinde (vgl. Psalm 23).

An diesem Tisch hat auch das Coronavirus keinen Zutritt, denn dort reicht dir der Herr den himmlischen Impfstoff seines hingegebenen Leibes und seines kostbaren Blutes (Abendmal). Dies kann dir die innere Gewissheit schenken, dass du in ihm den Sieg hast über alle Angriffe des Feindes und nichts dir schaden darf.

Der Glaube an das vollbrachte Erlösungswerk kann dich mit Frieden und Ruhe erfüllen. Tatsache ist, dass Jesus am Kreuz den Sieg vollbracht hat. Auch Krankheit und Angriffe durch Viren hat Jesus am Kreuz für dich getragen und überwunden (vgl. Jesaja 53,4). So sagt ja auch das Wort, dass nicht einmal wenn du etwas Tödliches trinkst, es dir schaden darf (vgl. Mt. 16,18).

Die Bereitschaft zur Buße und Umkehr ist in solch einer Situation für uns Christen grundlegend. In letzter Zeit habe ich selbst auch Überführung im persönlichen Leben erlebt und mir sind auch gesellschaftlich wieder viele Dinge bewusst geworden, die gegen Gottes Gebote verstoßen und wo die Bereitschaft umzukehren und Gott um Vergebung zu bitten von großer Bedeutung sind.

So geht es um unsere persönliche Herzensumkehr. Wenn Gott diese bei uns findet, dann wird er sicher die Mächte des Feindes zurückweisen und damit die Pandemie

Die Krise kann ferner dazu führen, dass dort, wo die Liebe erkaltet ist, sie nun mit neuem göttlichem Leben erfüllt wird. Mit einem Mal werden wir bereit, eingefahrene Wege zu verlassen und wieder neu aufeinander zuzugehen. Dabei kann uns insgesamt bewusst werden, dass unser Leben nicht aufgrund besonderer menschlicher Leistung gelingen kann, sondern nur aufgrund der Gerechtigkeit und Annahme, die Gott uns in Jesus Christus geschenkt hat.

Durchbrüche im geistlichen Raum und neue Aufbrüche werden zudem oft nur unter Schmerzen geboren. Der Schmerz führt dazu, dass Menschen bereit werden, das Alte loszulassen und das Neue, das Gott für sie vorbereitet hat, zu ergreifen.

Gott möchte in unserem Land neu seinen Geist ausgießen und seine Herrlichkeit in einem Geist der Reformation offenbaren. Bist du bereit, für die Wahrheit und für die Liebe von Herzen aufzustehen?

Unter Schmerzen wird in Deutschland Neues geboren

Christen sind von Leiden und Nöten in dieser Welt nicht von vornherein ausgenommen. Aber sie können angesichts dieser Entwicklungen lernen, sich ganz auf den Schutz des Blutes Jesu und die Gegenwart seiner Herrlichkeit zu verlassen. Sie können lernen, sich auf den Fels des vollbrachten Werkes Jesu und seiner Zusagen zu stellen und ganz im Vertrauen auf ihn den Weg zu gehen und ihm zu dienen. Jesus ist Sieger!

So wie es interessant sein kann, das Leben eines einzelnen Menschen einmal mit einem ausgewachsenen Baum zu vergleichen, so können wir uns in diesem Zusammenhang auch Deutschland einmal als einen solchen vorstellen.

Anfangen kann es mit den Wurzeln, also seinen Ursprüngen, dann dem Stamm, der ein Bild für die Identität sein kann und schließlich der Baumkrone mit allen Verästelungen, die die Entfaltung persönlicher Gaben sowie der Berufung ausdrücken kann. Bemerkenswert ist zudem, in welcher Jahreszeit wir den Baum vorfinden und ob er grüne Blätter oder Früchte trägt.

Im Gebet sah ich nun unser Land Deutschland wie einen Baum dastehen, dessen Wurzeln lange Zeit zu wenig Wasser bekommen hatten, und der daher recht dürr und ausgetrocknet wirkte. Gleichzeitig erschien er mächtig und einflussreich, aber auch wie jemand, der jeweils die letzte Kraft aus sich herauszuholen schien. Mitten in der Landschaft, in der der Baum wuchs, schien es viele zu geben, die ihn bewunderten, aber viele lehnten ihn auch ab und hassten ihn. Anerkennung schien es für ihn nur zu geben, wenn er es anderen recht machte und er für sie da war.

Im Verlauf der Jahrhunderte schien dieser Baum die unterschiedlichsten Früchte hervorgebracht zu haben, zum einen sehr edle, menschenfreundliche, dann aber auch sehr verführerische, menschlichen Stolz aufweisende Früchte.

Und dann gab es auch Früchte des Glaubens und der Reformation, die an diesem Baum gewachsen waren, aber die waren immer wieder überwuchert worden von dem Bestreben nach menschlichem Erfolg und Gewinn.

Dem Stamm dieses Baumes konnte man abspüren, wie stark der menschliche Verstand dort arbeitete und wie der Humanismus immer wieder die Oberhand gewonnen hatte. Das wirkte mitunter so, als wenn es dem Baum gar nicht am frischen Wasser gelegen wäre, sondern als ob er beweisen wollte, wie man es auch ohne diese Lebenskraft schaffen und Großartiges vollbringen kann.

In Gebet sah ich nun, wie Engel diesen Baum umstellten. Sie schienen aufgeregt zu sein hinsichtlich der Veränderung, die sie für diesen Baum herbeiführen sollten. War es möglich, diesem stolzen, selbstbestimmten Baum beizukommen?

Zunächst schien sich das Wetter über diesem Baum zu verändern. Am Himmel zogen dunkle Wolken auf und es begann zu stürmen. Schließlich schien alles im Blick auf Standfestigkeit, Stabilität und Sicherheit auf die Probe gestellt zu werden. Einen solch fundamentalen Sturm gab es in Deutschland noch nicht, eine Erschütterung, die vom Himmel ausgelöst wurde.

Im Blick auf den christlichen Glauben bedeutete dies vor allem eine Erschütterung religiöser Strukturen, die sich wie eine lähmende Decke über weite Teile des Leibes Christi gelegt zu haben schien. An vielen Stellen wurde nun diese Decke weggezogen, sodass es viel leichter war, in den Wegen des Heiligen Geistes zu wandeln, zu empfangen und voranzugehen.

Eine neue Vollmacht im Glauben

Dann erkannte ich drei Kennzeichen einer neuen Vollmacht im Glauben in unserem Land:

1. Zum einen war es ganz einfach, persönliche Begegnungen mit Jesus auf Augenhöhe zu haben, Gespräche wie mit einem guten Freund, die Ausrichtung, Stärkung und Bevollmächtigung bedeuteten.

2. Daneben war es einfacher zu bekennen, zu sprechen und zu sehen, wie es geschah. Es kam einfach hervor und es löste große Freude und Begeisterung aus.

3. Zudem waren Zeichen und Wunder viel leichter erfahrbar und das Übernatürliche war viel selbstverständlicher und gegenwärtiger. Man konnte damit rechnen, so wie man früher auf das Natürliche gebaut hatte.

Und jetzt waren Veränderungen an diesem Baum Deutschland zu erkennen. Wurzeln, die vorher vertrocknet erschienen, zogen nun plötzlich frisches Wasser und brachten frisches Grün und die ungewöhnlichsten und schönsten Früchte des Geistes hervor.

Andere Wurzeln schienen aber gänzlich abzusterben und die Bereiche, die sie versorgten, färbten sich dunkel bis schwarz. Was war das für ein Baum, dessen Äste zum einen funkelten und leuchteten und zum anderen tot, verdorben und abgestorben wirkten!

Und dann kam ein Engel herbei, der die schönsten Früchte und das Kostbarste, was diese Nation je hervorgebracht hatte, einzusammeln schien. Diese kamen aus den

Bereichen Evangelisation, Barmherzigkeitsdienste, Heilungs- und Befreiungsdienste und der Rettung von so vielen Menschen.

Es wurde so viel wiederhergestellt und das Feuer der Liebe Gottes schuf eine Verbindung zwischen Deutschland und Israel, wie es sie noch nie gab und es war ein Jubel im Himmel darüber zu hören.

Und ich fragte den Herrn: "Was bedeutet dies für uns Christen im Hier und Jetzt?"

Und er sagte: "Nimm dir jeden Tag Zeit für eine Begegnung des Herzens mit mir, Jesus. Führe jeden Tag mein Wort im Mund und rechne damit, dass geschieht, was du sagst und halte Ausschau nach dem Übernatürlichen - das bedeutet nach meinem Wirken statt dem menschlichen Wirken und hör erst auf, wenn es geschieht.

Ich liebe dich und die Christen in Deutschland so sehr. Durch den Schatten des vergangenen Jahrhunderts ist das Selbst- und Glaubensbewusstsein meines

Leibes in deinem Land immer noch sehr belastet, aber ich schaffe ein Neues und stelle auch diese Nation wieder her. Aber es wird allein in meiner Kraft geschehen. Ich bin euer guter Hirte und Freund und ich schlage mit euch ein neues Kapitel in Deutschland auf. Dies tue ich jetzt in dieser Zeit."

Jesus kommt zu dir

Der Heilige Geist kann dein Gebetsleben revolutionieren, wenn du ihm darin die Führung überlässt. Deine tägliche „Stille Zeit" muss nicht still sein, sondern sie kann die lebendigste, manchmal auch temperamentvollste und vielleicht auch lauteste Zeit am Tag sein.

Kommt es nicht darauf an, die vielen negativen Stimmen des Teufels zu übertönen und ihm mutig das Bekenntnis des Glaubens und das Wort Gottes entgegenzuhalten?

Seit einiger Zeit erlebe ich in dieser morgendlichen persönlichen Gebetszeit, dass Jesus mir ganz persönlich gegenüber tritt.

Dies erinnert mich an Maria zu Jesu Füßen, die alles stehen und liegen ließ, nur um auf Jesus zu hören und die Gemeinschaft mit ihm zu genießen, seine Kraft und Herrlichkeit aufzunehmen und auf sein Wort zu hören.

Wenn Jesus morgens zu mir kommt, dann sehe ich ihn zwar nicht in einer offenen Vision, aber mein Geist nimmt wahr, dass er den Raum betritt und in der Regel mir gegenüber Platz nimmt. Das ist sehr beeindruckend und kostbar für mich.

Er beginnt dann oft, mit mir über wichtige Themen zu sprechen, er ermutigt mich oder seine Gegenwart bedeutet einfach Trost, Zuversicht und neue Ausrichtung für mich.

So ist er wirklich auch der beste Freund und Hirte deines Lebens und du darfst die Gemeinschaft mit ihm genießen, jeder von uns in einer einzigartigen, wunderbaren und herrlichen Art und Weise.

Ich merke, dass diese Begegnungen am Tag mit ihm über das hinausgehen, was ich früher als hörendes Gebet kannte oder einzelne prophetische Eindrücke und ich freue mich schon darauf, jeden Tag mit Jesus zu beginnen. Und er lacht immer gern und bringt seine Wertschätzung und Liebe zum Ausdruck, sodass es ganz leicht ist, diese zu erwidern und ihn anzubeten.

In ihm ist für alles gesorgt und in ihm ist der Sieg über alles, was in dieser Welt beschweren, belasten, krank machen und behindern möchte. In ihm bist du mehr als ein Überwinder!

Ausgehend von dieser Gemeinschaft mit Jesus glaube ich, dass der Heilige Geist in Zukunft dein Gebetsleben revolutionieren möchte. Du betest dann nicht mehr aus dir selbst heraus auf die natürliche Art und Weise, sondern du tauchst im Gebet ein in den Strom des Lebens. Du nimmst die Führung und Leitung durch den Heiligen Geist in Anspruch, und erst wenn du selbst innerlich zur Ruhe des Herrn gekommen bist, fließt das Gebet regelrecht aus deinem Inneren hervor, ähnlich wie auch beim Sprachengebet.

Der Heilige Geist hebt deinen Geist empor und du betest und seufzt, du lobst und preist und du empfängst gleichzeitig und fühlst dich stark in seiner Kraft und Salbung und du merkst, dass das, was du sagst, die Engel in Bewegung bringt, weil sie auf das Wort des Herrn reagieren und nichts lieber tun als seine Zusagen ins Sichtbare zu bringen.

Glory Time

Es gibt unzählige Formen der persönlichen Anbetung, der Fürbitte und des Lobpreises und Gott wird dir sicher die für dich jeweils passende zeigen und dich dort hinein führen.

Für meine persönliche Zeit des Gebetes in der Herrlichkeit Gottes wurden mir einmal die folgenden Punkte wichtig, die dich vielleicht anregen und inspirieren können.

Aus der persönlichen Liebesgemeinschaft mit Jesus heraus wird jeder geistliche Aufbruch geboren und sie wird zudem in eine wunderbare geistliche Gemeinschaft mit seinem Leib, der Gemeinde, führen.

1. Tauche zunächst ein wie Maria zu Jesu Füßen in die Ruhe und den Schalom Gottes. Lass dich dort lieben, lerne Vertrauen, komme an.

2. Mach dir das Geschenk der Gerechtigkeit bewusst. Sie ist als Panzer die fundamentale, defensive Waffe der geistlichen Waffenrüstung (vgl. Eph. 6), gehe erst dann in die Offensive. Ohne die Freisetzung von falschem Druck durch Gottes Gerechtigkeit gibt es keine echte Begegnung und kein Empfangen von Gott her.

3. Gehe erst jetzt in die Anbetung. Durch die Gerechtigkeit hat sie jetzt einen Grund und ist davor bewahrt, religiös zu werden. Jetzt kann sie den Himmel öffnen

und den Blick auf Jesus und den Sieg durch sein vollbrachtes Werk ermöglichen.

4. Bekenne und sprich nun das Wort Gottes. In der Gemeinschaft mit Jesus sprichst du nun in Herrschaft und Autorität unter der Leitung des Heiligen Geistes. Deine Fürbitte ist von Danksagung begleitet. So konfrontierst Du die Umstände mit der Wahrheit und aktivierst die Zusagen Gottes in ihnen.

5. Vertraue nun der Gegenwart Gottes, dass er dein Anliegen übernimmt. Auch wenn du es nicht fühlst oder dir vorstellen kannst, glaube der Zusage, dass er uns die gleiche Herrlichkeit gegeben hat. In ihr ist nicht mehr deine eigene Aktivität gefragt sondern die der Engel. Sende sie mit Jesus aus.

6. Sieh dich nun selbst als Quelle des Lebens. Ströme lebendigen Wassers fließen von deinem Leibe. Das ist kein Stress, es geschieht durch Glauben. Das, was du empfangen hast, gibst du umsonst weiter. Auch wenn du im Natürlichen Mangel

empfindest, stellst du dich Gott zur Verfügung.

Sieh dich als Quelle, glaube der Quelle in dir, erlaube dem Heiligen Geist zu wirken. Akzeptiere keine Trockenheit mehr. Tauche ein in den Strom des Lebens!

Gebet für ein neues Leben

Vergiss es nicht: Du lebst nicht in Corona-Zeiten sondern in einer Zeit, in der die Herrlichkeit Gottes neu das Leben der Menschen berühren, erneuern und erfüllen möchte!

Du lebst in der Zeit, in der Jesus Christus als der gute Hirte in einzigartiger Weise in das Leben unzähliger Menschen kommen möchte und sie einlädt, sich ihm von ganzem Herzen anzuvertrauen, um Erlösung, Heilung und ein neues Leben durch ihn zu empfangen.

In 2. Korinther 5,7 heißt es: "Darum: Ist jemand in Christus, so ist er eine neue Schöpfung; das Alte ist vergangen; siehe, es ist alles neu geworden! (Schlachter 2000)"

Wenn du bisher noch nicht bewusst als Christ lebst, aber Jesus gerne heute in dein Leben einladen möchtest und bereit bist, ihn als Herrn anzunehmen, dann kannst du jetzt mit mir das folgende Gebet sprechen und am Schluss noch mit deinem Namen unterschreiben. Sage am besten laut:

Lieber Herr Jesus Christus,

heute komme ich zu dir mit allem, was ich bin und habe. Ich lade dich nun ein, in mein Leben zu kommen.

Danke, dass du am Kreuz von Golgatha all meine Schuld und Krankheit getragen hast und dein kostbares Blut für mich vergossen hast. Danke dass du für mich den Preis bezahlt hast und die Strafe auf dich genommen hast.

Danke, dass ich dadurch nun vor dem himmlischen Vater gerechtfertigt bin und dass ich durch deine Wunden geheilt, befreit und erlöst wurde.

Nun muss ich nicht mehr tragen, was du für mich überwunden und fortgetragen hast. Danke, dass du mich der Macht des Feindes entrissen hast und mich in das Königreich der Liebe versetzt hast.

Sei du ab heute der Herr meines Lebens. Sei du der gute Hirte, der in allen Lebensbereichen über meinem Leben wacht, für mich sorgt und mir Schalom und Frieden schenkt.

Ich danke dir nun für das neue Leben in deiner Herrlichkeit, das schon jetzt für mich hier auf der Erde beginnt. Danke, dass ich nun eine Tochter und ein Sohn der Herrlichkeit sein darf und dass mich nichts aus der Gemeinschaft mit dir reißen und mich nichts von dir trennen kann.

Hilf mir, dass deine bedingungslose Liebe mein Leben vollständig verwandelt, mein Denken und Fühlen und auch mein Handeln. Lass mich und meine Mitmenschen und auch mich selbst so lieben, wie du sie liebst und offenbare mir deine Weisheit und Hilfe in jeder Lebenssituation.

Ich freue mich, dass ich nun ein Kind Gottes bin und den stärksten und wunderbarsten Vater im Himmel habe.

Amen ....

Rückmeldung

Ich möchte dich ermutigen, mit Jesus durch diese aufregenden Zeiten zu gehen. Wenn du möchtest kannst du mir eine Rückmeldung senden und mir deine Erfahrungen mitteilen. Ich freue mich, von Dir zu hören.

Schicke deine Nachricht einfach an:

gloryhaus@gmail.com

Für eine persönliche Beratung empfehlen wir dir unsere Praxis:

HEILUNG UND BEFREIUNG IN DER GEGENWART GOTTES

www.christliche-therapie-gebet-seelsorge.de

Printed in Germany
by Amazon Distribution
GmbH, Leipzig

23766962R00048